六〇〇	二十七さい	隋《ずい》の都長安《みやこちょうあん》に使者《ししゃ》をおくる（最初《さいしょ》の遣隋使《けんずいし》）
六〇一	二十八さい	斑鳩宮《いかるがのみや》をたてはじめる
六〇三	三十さい	冠位十二階《かんいじゅうにかい》を制定《せいてい》する
六〇四	三十一さい	冠位十二階《かんいじゅうにかい》を施行《しこう》。十七条《じゅうしちじょう》の憲法《けんぽう》をつくる
六〇五	三十二さい	完成《かんせい》した斑鳩宮《いかるがのみや》にうつりすむ
六〇六	三十三さい	勝鬘経《しょうまんぎょう》を講説《こうせつ》する
六〇七	三十四さい	小野妹子《おののいもこ》を遣隋使《けんずいし》として派遣《はけん》する。法隆寺《ほうりゅうじ》をつくる
六〇八	三十五さい	小野妹子《おののいもこ》をふたたび隋《ずい》に派遣《はけん》する
六一〇	三十七さい	高句麗《コグリョ》の僧曇徴《そうどんちょう》が紙《かみ》、すみ、えのぐなどの製法《せいほう》をつたえる
六一一	三十八さい	『勝鬘経義疏《しょうまんぎょうぎしょ》』をあらわす
六一三	四十さい	『維摩経義疏《ゆいまぎょうぎしょ》』をあらわす。難波《なにわ》と大和《やまと》をむすぶ大道《だいどう》をつくる
六一五	四十二さい	『法華経義疏《ほけきょうぎしょ》』をあらわす。恵慈《えじ》が帰国《きこく》する
六一八	四十五さい	隋《ずい》がほろび、唐《とう》がおこる
六二〇	四十七さい	馬子《うまこ》とともに、『天皇記《てんのうき》』『国記《こっき》』などをまとめる
六二二	四十九さい	斑鳩宮《いかるがのみや》でなくなる

この本《ほん》について

『よんで しらべて 時代《じだい》がわかる ミネルヴァ日本《にほん》歴史人物伝《れきしじんぶつでん》』シリーズは、日本《にほん》の歴史上《れきしじょう》のおもな人物《じんぶつ》をとりあげています。

前半《ぜんはん》は史実《しじつ》をもとにした物語《ものがたり》になっています。有名《ゆうめい》なエピソードを中心《ちゅうしん》に、その人物《じんぶつ》の人生《じんせい》や人《ひと》がらなどを楽《たの》しく知《し》ることができます。

後半《こうはん》は解説《かいせつ》になっていて、人物《じんぶつ》だけでなく、その人物《じんぶつ》が生《い》きた時代《じだい》のことも紹介《しょうかい》しています。物語《ものがたり》をよんだあとに解説《かいせつ》をよめば、より深《ふか》く日本《にほん》の歴史《れきし》を知《し》ることができます。

歴史《れきし》は少《すこ》しにがてという人《ひと》でも、絵本《えほん》をよんで楽《たの》しく学《まな》ぶことができます。歴史《れきし》に興味《きょうみ》がある人《ひと》は、解説《かいせつ》をよむことで、さらに歴史《れきし》にくわしくなれます。

■解説《かいせつ》ページの見《み》かた

人物《じんぶつ》についてくわしく解説《かいせつ》するページと時代《じだい》について解説《かいせつ》するページがあります。

文中《ぶんちゅう》の青《あお》い文字《もじ》は、31ページの「用語解説《ようごかいせつ》」で解説《かいせつ》しています。

写真《しゃしん》や地図《ちず》など理解《りかい》を深《ふか》める資料《しりょう》をたくさんのせています。

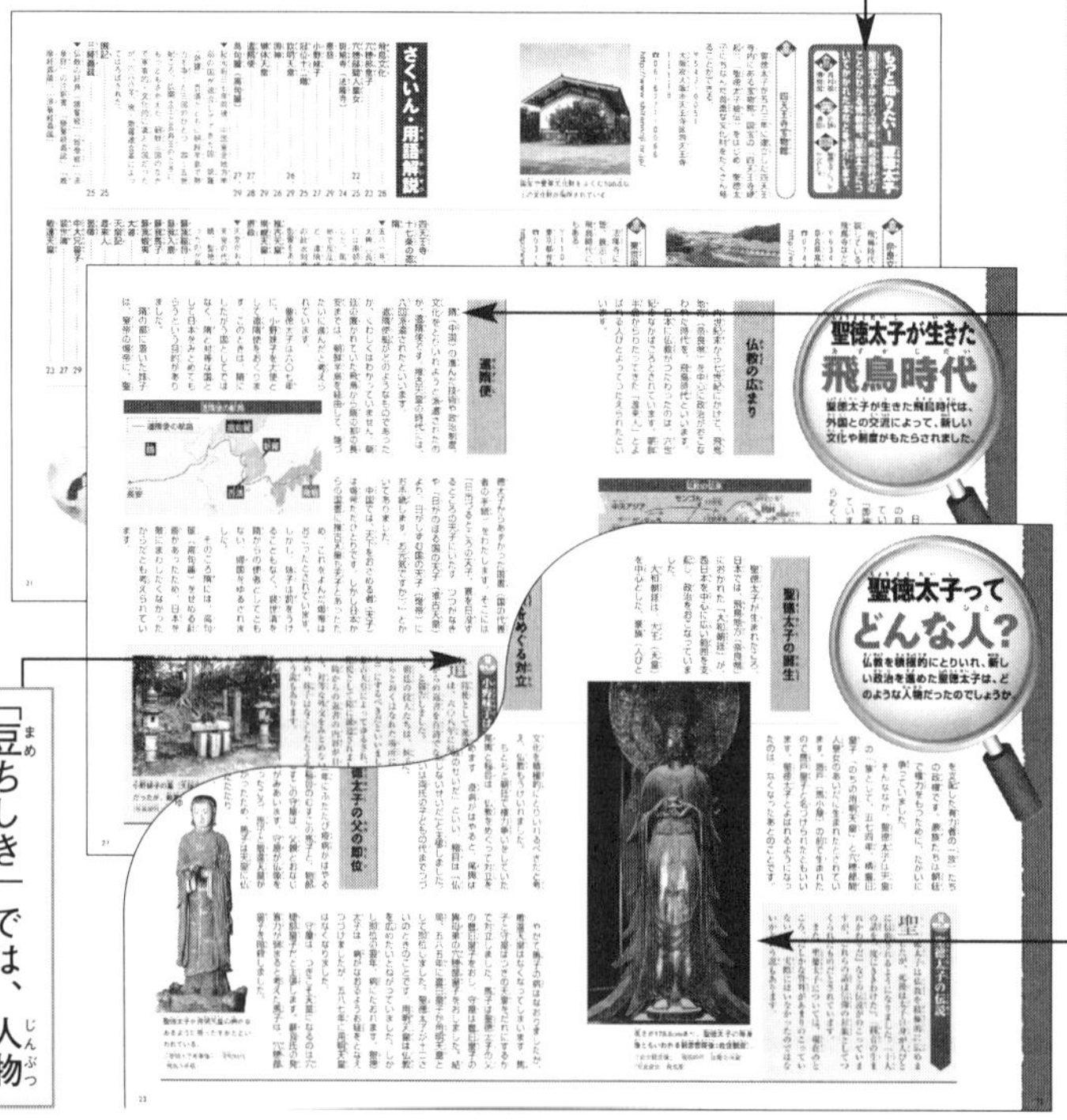

「もっと知《し》りたい!」では、その人物《じんぶつ》にかかわる博物館《はくぶつかん》や場所《ばしょ》、本《ほん》などを紹介《しょうかい》しています。

「豆《まめ》ちしき」では、人物《じんぶつ》のエピソードや時代《じだい》にかんする基礎知識《きそちしき》などを紹介《しょうかい》しています。

よんでしらべて時代がわかる
ミネルヴァ 日本歴史人物伝

聖徳太子《しょうとくたいし》

仏教と新しい政治

監修 山岸 良二
文 西本 鶏介
絵 たごもり のりこ

もくじ

和《わ》をもって貴《たっと》しとなし……2
聖徳太子《しょうとくたいし》ってどんな人《ひと》？……22
聖徳太子《しょうとくたいし》が生《い》きた飛鳥時代《あすかじだい》……26
もっと知《し》りたい！ 聖徳太子《しょうとくたいし》……30
さくいん・用語解説《ようごかいせつ》……31

ミネルヴァ書房

和《わ》をもって貴《たっと》しとなし

用明天皇《ようめいてんのう》の子《こ》どもで厩戸皇子《うまやとのおうじ》とよばれていた聖徳太子《しょうとくたいし》が、日本《にほん》ではじめての女性天皇《じょせいてんのう》となった推古天皇《すいこてんのう》から摂政《せっしょう》（天皇《てんのう》にかわって政治《せいじ》をおこなう人《ひと》）を命《めい》ぜられたのは二十さいのときでした。五九二年《ねん》（崇峻《すしゅん》五年《ねん》）、飛鳥《あすか》の豊浦宮《とゆらのみや》（奈良県高市郡明日香《ならけんたかいちぐんあすか》村豊浦《むらとようら》）で即位《そくい》の式《しき》をすませた推古《すいこ》天皇《てんのう》はおいの聖徳太子《しょうとくたいし》を別室《べっしつ》によんでいいました。

「大王《おおきみ》（天皇《てんのう》）になったといっても、わたしは女性《じょせい》であり、政治《せいじ》をおこなう力《ちから》はありません。でも、わたしにはたよりになるおいがいます。あなたは小《ちい》さいときからかしこく、学問《がくもん》にもすぐれていました。どうか、わたしの力《ちから》になってください。」
「かしこまりました。天皇《てんのう》を助《たす》けて新《あたら》しい国《くに》づくりにはげみましょう。」
聖徳太子《しょうとくたいし》はおばのねがいをこころよく引《ひ》きうけました。子《こ》ども時代《じだい》から、豪族《ごうぞく》たちのみにくい権力争《けんりょくあらそ》いを見《み》てきた聖徳太子《しょうとくたいし》は、だれが天皇《てんのう》になってもなかよく平等《びょうどう》にくらせる国《くに》にしてほしいと考《かんが》えていました。

「できることなら、この地上《ちじょう》に天寿国《てんじゅこく》（極楽《ごくらく》のような天《てん》にある理想《りそう》の国《くに》）をつくりたいと思《おも》います。」

聖徳太子《しょうとくたいし》のことばをきいて、推古天皇《すいこてんのう》は、ほっと胸《むね》をなでおろしました。豪族《ごうぞく》のいいなりになる天皇《てんのう》ではなく、国家《こっか》というものにふさわしい天皇《てんのう》になる覚悟《かくご》を決《き》めました。六〇三年《ねん》（推古《すいこ》十一年《ねん》）、推古天皇《すいこてんのう》はこれまでの宮殿《きゅうでん》のそばに新《あたら》しくつくった小墾田宮《おはりだのみや》にうつり、聖徳太子《しょうとくたいし》の仕事《しごと》を助《たす》けました。

推古天皇《すいこてんのう》の予想《よそう》どおり、聖徳太子《しょうとくたいし》は若《わか》くてもすぐれた政治家《せいじか》でした。仏教《ぶっきょう》の教《おし》えをもとにした政治《せいじ》をおこない、人《ひと》をいつくしむ心《こころ》をわすれません。家柄《いえがら》や身分《みぶん》ではなく、その人《ひと》の能力《のうりょく》や努力《どりょく》によって役人《やくにん》になれる制度《せいど》をつくったり、「十七条《じゅうしちじょう》の憲法《けんぽう》」をつくって人《ひと》としてまもるべき道徳《どうとく》をしめしました。「和《わ》をもって貴《たっと》しとなし」と最初《さいしょ》にかかれているように、人《ひと》はなによりもまずなかよくすることがだいじだといい、仏《ほとけ》をうやまい、その教《おし》えを学《まな》び、いかりの心《こころ》をすて、なにを決《き》めるにもひとりではなくみんなと話《はな》しあうなど、聖《しょう》徳太子《とくたいし》ならではの理想的《りそうてき》な考《かんが》えがしっかりとこめられています。

六〇五年《ねん》（推古《すいこ》十三年《ねん》）、聖徳太子《しょうとくたいし》は斑鳩《いかるが》の里《さと》（奈良県生駒郡斑鳩町《ならけんいこまぐんいかるがちょう》）にできあがった新《あたら》しいすまいにうつりました。推古天皇《すいこてんのう》のいる飛鳥《あすか》の小墾田宮《おはりだのみや》から十八《じゅうはち》キロほどもはなれていますが、聖徳太子《しょうとくたいし》のお気《き》にいりの場所《ばしょ》でした。ちかくをながれる大和川《やまとがわ》は難波《なにわ》（大阪《おおさか》）の海《うみ》までつづいて、そこから船《ふね》にのれば朝鮮《ちょうせん》の百済《ペクチェ》や高句麗《コグリョ》、隋《ずい》の国《くに》（中国《ちゅうごく》）まで行《い》くことができます。難波《なにわ》と飛鳥《あすか》をむすぶ新《あたら》しい交《こう》通《つう》のかなめとして、この斑鳩《いかるが》をすばらしい文《ぶん》化《か》の中心地《ちゅうしんち》にしたかったのです。

聖徳太子《しょうとくたいし》は毎日《まいにち》、馬《うま》にのって天皇《てんのう》のいる飛鳥《あすか》までかよいました。その道《みち》すがら人《ひと》びとのくらしをながめたり、政治《せいじ》や仏教《ぶっきょう》のことを考《かんが》えたりしました。田《た》んぼの水不足《みずぶそく》にこまっている村《むら》があるときくと、すぐに用水池《ようすいいけ》をつくらせ、米《こめ》がたくさんとれるようにしました。

今日《きょう》も家来《けらい》とともに馬《うま》を走《はし》らせながら、隋《ずい》の国《くに》と直接《ちょくせつ》つきあう方法《ほうほう》を考《かんが》えていました。

「いま外国《がいこく》で、もっとも力《ちから》があるのは隋《ずい》の国《くに》で、皇帝《こうてい》の煬帝《ようだい》は高句麗《コグリョ》をねらっているとききましたが、ほんとうですか。」

家来《けらい》がたずねました。

「そのとおり。だからいまのうちに日《に》本《ほん》と対等《たいとう》の外交《がいこう》ができるようにしたいのだ。」

聖徳太子《しょうとくたいし》はまだ見《み》たこともない隋《ずい》の都《みやこ》の宮殿《きゅうでん》を想像《そうぞう》しました。目《め》の前《まえ》に広《ひろ》がる田《た》んぼのむこうには日《に》本《ほん》の宮殿《きゅうでん》が見《み》えます。宮殿《きゅうでん》に着《つ》くと、聖徳太子《しょうとくたいし》はただちに天皇《てんのう》のところへ行《い》き、

「いま、いちばんさかえているのは隋《ずい》の国《くに》です。これからはわが国《くに》も隋《ずい》の国《くに》となかよくして、新《あたら》しい文化《ぶんか》をとりいれ、隋《ずい》に負《ま》けない国《くに》にしなくてはなりません。隋《ずい》の国《くに》へ使者《ししゃ》をおくるのを許可《きょか》してください。」

と、いいました。天皇《てんのう》は聖徳太子《しょうとくたいし》のねがいをすぐききいれてくれました。

そこで聖徳太子《しょうとくたいし》は近江国《おうみのくに》（滋賀県《しがけん》）の役人《やくにん》小野妹子《おののいもこ》をよびだしました。位《くらい》は低《ひく》くても有能《ゆうのう》な役人《やくにん》として前《まえ》から目《め》をつけていたのです。

「そちを遣隋使《けんずいし》に任命《にんめい》する。国書《こくしょ》（国《くに》の代表者《だいひょうしゃ》の手紙《てがみ》）をもって隋《ずい》の皇帝《こうてい》、煬帝《ようだい》のところへ行《い》ってほしい。」

「承知《しょうち》しました。」

小野妹子《おののいもこ》はきっぱりとこたえました。こんな大役《たいやく》をあたえられるなんてゆめにも思《おも》いませんでした。

六〇七年《ねん》（推古《すいこ》十五年《ねん》）、いのちがけの航《こう》海《かい》で隋《ずい》の国《くに》へわたった小野妹子《おののいもこ》は、隋《ずい》の都《みやこ》、長安《ちょうあん》の宮殿《きゅうでん》で、聖徳太子《しょうとくたいし》のかいた国書《こくしょ》を煬帝《ようだい》にさしだしました。国書《こくしょ》のはじめには「日《ひ》出《い》づるところの天子《てんし》から日《ひ》しずむところの天子《てんし》におくる」とかいてありました。それを見《み》たとたん、煬帝《ようだい》はいかりました。

「とるにたらないちっぽけな国《くに》が日《ひ》の出《い》づるところで、隋《ずい》のような大国《たいこく》が日《ひ》のしずむところとはなにごとか。」

「おまちください。それはけっして無礼《ぶれい》なことばではありません。日《ひ》がのぼりはじめたばかりのわが国《くに》が、世《よ》の中《なか》をてらしつづけて、ゆっくりとしずむ日《ひ》をうけいれる大《おお》きくてゆたかな国《くに》を尊敬《そんけい》することばです。」

小野妹子《おののいもこ》の必死《ひっし》のいいわけに煬帝《ようだい》もようやくきげんをなおし、ゆっくりと国書《こくしょ》に目《め》をとおしました。日本《にほん》を文化《ぶんか》の低《ひく》い国《くに》だと思《おも》いこんでいた煬帝《ようだい》はおどろきました。なかなかにりっぱな文章《ぶんしょう》で少《すこ》しもへつらったところがありません。

（これは手《て》ごわい国《くに》だ。高句麗《コグリョ》をせめるには日本《にほん》となかよくしておいた方《ほう》がいいかもしれない。）

そう思《おも》った煬帝《ようだい》はていねいにいいました。

「あなたが国《くに》へもどるとき、こちらからも使《し》者《しゃ》をおくることにしましょう。」

なにごとにもくわしく、聡明《そうめい》な聖徳太子《しょうとくたいし》ははやくから煬帝《ようだい》の考《かんが》えかたがわかっていたので、こんな強気《つよき》の国書《こくしょ》をかくことができたのです。

翌年《よくとし》、小野妹子《おののいもこ》が日本《にほん》へもどるとき、煬帝《ようだい》は隋《ずい》の使者《ししゃ》をのせた船《ふね》も同行《どうこう》させ、隋《ずい》と日本《にほん》のあいだに正式《せいしき》な国交《こっこう》がはじまりました。遣《けん》隋使《ずいし》の行《い》き来《き》がさかんになるにつれて、隋《ずい》の国《くに》へ行《い》く留学僧《りゅうがくそう》もふえ、日本《にほん》での仏教《ぶっきょう》はますますさかんになっていきました。

そのころ、聖徳太子《しょうとくたいし》が斑鳩宮《いかるがのみや》のちかくにたてていた斑鳩寺《いかるがでら》（法隆寺《ほうりゅうじ》）もできあがりました。この寺《てら》は六七〇年《ねん》（天智《てんじ》九年《ねん》）に全焼《ぜんしょう》したとつたえられていて、いまの法隆寺《ほうりゅうじ》がいつ再建《さいけん》されたのか不明《ふめい》です。しかし、千三百年《せんさんびゃくねん》以上《いじょう》も前《まえ》にたてられた、世界最古《せかいさいこ》の木造建築《もくぞうけんちく》であることにかわりはなく、むかしのままのすがたをほこっています。飛鳥様式《あすかようしき》の金堂《こんどう》や五重塔《ごじゅうのとう》を中心《ちゅうしん》とする西院《さいいん》と天平様式《てんぴょうようしき》の夢殿《ゆめどの》（奈《な》良時代《らじだい》にたてられた）を中心《ちゅうしん》とする東院《とういん》にわかれていて、聖徳太子《しょうとくたいし》をしのんで、いまなおおとずれる人《ひと》があとをたちません。

聖徳太子《しょうとくたいし》が斑鳩宮《いかるがのみや》へうつりすんでからもう八年《はちねん》ちかくがすぎました。四季《しき》折《おり》おりの花《はな》をさかせるゆたかな自然《しぜん》にかこまれた斑鳩《いかるが》の里《さと》は聖徳太子《しょうとくたいし》にとって、どこよりも心《こころ》のやすまる場所《ばしょ》でした。法隆寺《ほうりゅうじ》ができてからは小墾《おはり》田宮《だのみや》へかよう日《ひ》もだんだんと少《すく》なくなり、仏《ぶつ》堂《どう》にこもる日《ひ》が多《おお》くなりました。

朝《あさ》もやにつつまれた境内《けいだい》に落葉《おちば》がまいちります。仏堂《ぶつどう》に入《はい》った聖徳太子《しょうとくたいし》は弥勒菩薩像《みろくぼさつぞう》の前《まえ》にすわるとしずかに語《かた》りかけました。

「弥勒菩薩《みろくぼさつ》さま、わたしは天皇家《てんのうけ》をまもり、日本《にほん》の国《くに》を安定《あんてい》させるため、摂政《せっしょう》になってから二十年間《にじゅうねんかん》、夢中《むちゅう》ではたらいてきました。おかげさまで日本《にほん》はりっぱな国《くに》になり、隋《ずい》の国《くに》ともなかよくすることができました。もはや推古天皇《すいこてんのう》にさからう者《もの》はいません。わたしのやるべき政治《せいじ》の仕事《しごと》はすべて終《お》わりました。これからは政治《せいじ》をはなれ、仏《ほとけ》の教《おし》えをもっともっと深《ふか》く学《まな》んでいきたいのです。」

弥勒菩薩《みろくぼさつ》の顔《かお》がほほえんだように見《み》えました。聖徳太子《しょうとくたいし》はふたたび弥勒菩薩《みろくぼさつ》に語《かた》りかけます。

「どんなにがんばっても政治《せいじ》だけで人《ひと》の苦《くる》しみやかなしみをすくうことはできません。この世《よ》でただひとつの真実《しんじつ》は仏《ほとけ》さまだけです。どうかわたしをおみちびきください。」

いつのまにか仏堂《ぶつどう》が明《あか》るくなりました。聖徳太子《しょうとくたいし》は手《て》をあわせて法華経《ほけきょう》をとなえはじめました。法華経《ほけきょう》はすべての差《さ》別《べつ》をなくし、絶対《ぜったい》の平等《びょうどう》を説《と》いたお経《きょう》で、聖徳太子《しょうとくたいし》が多《おお》くの仏典《ぶってん》のなかで特別《とくべつ》たいせつにしてきたものでした。

仏堂《ぶつどう》から外《そと》へ出《で》ると、山《やま》の上《うえ》から日《ひ》がのぼるところでした。聖徳太子《しょうとくたいし》は小《お》墾田宮《はりだのみや》の方《ほう》にむかって頭《あたま》をさげ、

「日出《ひい》づるところの天子《てんし》さま、わたしの身勝手《みがって》をおゆるしください。」

と、つぶやきました。

政治《せいじ》の第一線《だいいっせん》から身《み》をひいた聖徳太《しょうとくたい》子《し》は斑鳩宮《いかるがのみや》にこもってひたすら仏教《ぶっきょう》の研究《けんきゅう》にとりくみました。そして勝鬘経《しょうまんぎょう》、維摩経《ゆいまぎょう》、法華経《ほけきょう》という三《みっ》つの経典《きょうてん》を注《ちゅう》釈《しゃく》した『三経義疏《さんぎょうぎしょ》』というわが国最初《くにさいしょ》の学問的《がくもんてき》な本《ほん》をかきあげました。注釈《ちゅうしゃく》書《しょ》といっても、ことばの意味《いみ》の説明《せつめい》にとどまらず、聖徳太子《しょうとくたいし》の考《かんが》えもくわしくかかれているといいます。

ひさしぶりに小墾田宮《おはりだのみや》からおよびがかかりました。聖徳太子《しょうとくたいし》はゆっくりと馬《うま》を走《はし》らせました。推古天皇《すいこてんのう》は聖徳太子《しょうとくたいし》の顔《かお》を見《み》るなりいいました。

「仏教《ぶっきょう》にしたがい、心《こころ》おだやかにくらすのもけっこうですが、摂政《せっしょう》をやめさせたつもりはありませんよ。できることなら、わたしにかわって天皇《てんのう》になってほしいぐらいです。」

「わがままをいって申《もう》しわけありません。これからは政治《せいじ》ではなく、学問《がくもん》や仏教《ぶっきょう》の研究《けんきゅう》で天皇《てんのう》につくしたいと思《おも》います。日本《にほん》もようやく天皇《てんのう》を中心《ちゅうしん》とした国家《こっか》をつくりあげることができました。この国家《こっか》をまもるためにも、これまでの国《くに》の歴史《れきし》を記録《きろく》してのこす必要《ひつよう》があります。わたしはそのお手伝《てつだ》いをしたいと思《おも》います。」

聖徳太子《しょうとくたいし》は深《ふか》ぶかと頭《あたま》をさげました。小墾《おはり》田宮《だのみや》にも斑鳩宮《いかるがのみや》にも各地《かくち》の語《かた》り部《べ》やすぐれた僧《そう》が集《あつ》められ、共同《きょうどう》でまとめることになりました。こうしてできあがったのが、天皇家《てんのうけ》の歴史《れきし》をまとめた『天皇記《てんのうき》』と日本全体《にほんぜんたい》の歴史《れきし》をまとめた『国記《こっき》』といわれるものですが、ざんねんながら大化《たいか》の改新《かいしん》の争《あらそ》いで焼《や》けてしまったそうです。

聖徳太子《しょうとくたいし》ってどんな人《ひと》？

仏教《ぶっきょう》を積極的《せっきょくてき》にとりいれ、新《あたら》しい政治《せいじ》を進《すす》めた聖徳太子《しょうとくたいし》は、どのような人物《じんぶつ》だったのでしょうか。

聖徳太子《しょうとくたいし》の誕生《たんじょう》

聖徳太子《しょうとくたいし》が生《う》まれたころ、日本《にほん》では、飛鳥地方《あすかちほう》（奈良県《ならけん》）におかれた「大和朝廷《やまとちょうてい》」が、西日本《にしにほん》を中心《ちゅうしん》に広《ひろ》い範囲《はんい》を支《し》配《はい》し、政治《せいじ》をおこなっていました。

大和朝廷《やまとちょうてい》は、大王《おおきみ》（天皇《てんのう》）を中心《ちゅうしん》とした、豪族《ごうぞく》（人《ひと》びとを支配《しはい》した有力者《ゆうりょくしゃ》の一族《いちぞく》）たちの政権《せいけん》です。豪族《ごうぞく》たちは朝廷《ちょうてい》で権力《けんりょく》をもつために、たがいに争《あらそ》っていました。

そんななか、五七四年《ねん》、聖徳太子《しょうとくたいし》は天皇《てんのう》の一族《いちぞく》として、橘豊日皇子《たちばなのとよひのおうじ》（のちの用明天皇《ようめいてんのう》）と穴穂部間人皇女《あなほべのはしひとのおうじょ》のあいだに生《う》まれたとされています。厩戸《うまやと》（馬小屋《うまごや》）の前《まえ》で生《う》まれたので厩戸皇子《うまやとのおうじ》と名《な》づけられたともいいます。聖徳太子《しょうとくたいし》とよばれるようになったのは、なくなったあとのことです。

高《たか》さが178.8cmあり、聖徳太子《しょうとくたいし》の等身《とうしん》像《ぞう》ともいわれる観音菩薩像《かんのんぼさつぞう》（救世観音《くせかんのん》）。
（「救世観音像《くせかんのんぞう》」　飛鳥時代《あすかじだい》　法隆寺所蔵《ほうりゅうじしょぞう》）
（写真提供《しゃしんていきょう》：飛鳥園《あすかえん》）

豆《まめ》ちしき　聖徳太子《しょうとくたいし》の伝説《でんせつ》

聖《しょう》徳《とく》太子《たいし》は仏教《ぶっきょう》を積極的《せっきょくてき》に広《ひろ》めましたが、死後《しご》は太子自身《たいしじしん》が人《ひと》びとに信仰《しんこう》されるようになりました。「十人《じゅうにん》の話《はなし》を一度《いちど》にききわけた」、「観音《かんのん》の生《う》まれかわりだ」などの伝説《でんせつ》がのこっていますが、これらの話《はなし》は信仰《しんこう》の対象《たいしょう》としてつくられたものだとされています。

また、聖徳太子《しょうとくたいし》については、現在《げんざい》のところ、たしかな資料《しりょう》があまりのこっていないため、実際《じっさい》にはいなかったのではないかという説《せつ》もあります。

仏教《ぶっきょう》をめぐる対立《たいりつ》

仏教《ぶっきょう》が百済《ベクチェ》（百済《くだら》）から日本《にほん》につたわったのは、聖徳太子《しょうとくたいし》が生《う》まれるより少《すこ》し前《まえ》です。それまで日本《にほん》では、山《やま》や海《うみ》などの自然《しぜん》に神《かみ》がやどると信《しん》じられており、外国《がいこく》から入《はい》ってきた仏教《ぶっきょう》をよく思《おも》わない人《ひと》もいました。朝廷《ちょうてい》で地位《ちい》の高《たか》かった物部尾輿《もののべのおこし》も、仏教《ぶっきょう》をまったく信《しん》じませんでした。

いっぽう、おなじく朝廷《ちょうてい》で権力《けんりょく》をにぎっていた蘇我稲目《そがのいなめ》は、百済《ベクチェ》の進《すす》んだ文化《ぶんか》を積極的《せっきょくてき》にとりいれるべきだと考《かんが》え、仏教《ぶっきょう》もうけいれました。

百済《ベクチェ》からおくられた仏像《ぶつぞう》を欽明天皇《きんめいてんのう》からあたえられた蘇我稲目《そがのいなめ》が、仏像《ぶつぞう》を安置《あんち》したところ。
（写真提供《しゃしんていきょう》：向原寺《こうげんじ》）

もともと朝廷《ちょうてい》で権力争《けんりょくあらそ》いをしていた尾輿《おこし》と稲目《いなめ》は、仏教《ぶっきょう》をめぐって対立《たいりつ》を深《ふか》めます。疫病《えきびょう》がはやると、尾輿《おこし》は「仏教《ぶっきょう》のせいだ」といい、稲目《いなめ》は「仏《ぶっ》教《きょう》を信《しん》じないせいだ」と主張《しゅちょう》しました。この争《あらそ》いは両氏《りょうし》の子《こ》どもの代《だい》までつづきました。

聖徳太子《しょうとくたいし》の父《ちち》の即位《そくい》

五八三年《ねん》にふたたび疫病《えきびょう》がはやると、蘇我稲目《そがのいなめ》のむすこの馬子《うまこ》と、物部《もののべ》尾輿《おこし》のむすこの守屋《もりや》は、父親《ちちおや》とおなじようにいがみあいます。守屋《もりや》が仏像《ぶつぞう》を焼《や》きはらったところ、馬子《うまこ》と敏達天皇《びだつてんのう》が疫病《えきびょう》にかかったため、馬子《うまこ》は天皇《てんのう》に仏《ぶつ》像《ぞう》を焼《や》いたたたりだと主張《しゅちょう》し、天皇《てんのう》は仏像《ぶつぞう》をおがむことをゆるしました。

聖徳太子《しょうとくたいし》が用明天皇《ようめいてんのう》の病《やまい》がなおるように祈《いの》ったすがたといわれている。
（「聖徳太子孝養像《しょうとくたいしこうようぞう》」　室町時代《むろまちじだい》　飛鳥寺所蔵《あすかでらしょぞう》）

やがて馬子《うまこ》の病《やまい》はなおりましたが、敏達天皇《びだつてんのう》はなくなってしまいます。馬《うま》子《こ》と守屋《もりや》はつぎの天皇《てんのう》をだれにするかで対立《たいりつ》しました。馬子《うまこ》は聖徳太子《しょうとくたいし》の父《ちち》の豊日皇子《とよひのおうじ》をおし、守屋《もりや》は豊日皇子《とよひのおうじ》の異母弟《いぼてい》の穴穂部皇子《あなほべのおうじ》をおしました。結《けっ》局《きょく》、五八五年《ねん》に豊日皇子《とよひのおうじ》が用明天皇《ようめいてんのう》として即位《そくい》しました。聖徳太子《しょうとくたいし》が十二さいのときのことです。用明天皇《ようめいてんのう》は仏教《ぶっきょう》を広《ひろ》めたいとねがっていました。しかし即位《そくい》の翌年《よくとし》、病《やまい》にたおれます。聖徳《しょうとく》太子《たいし》は、病《やまい》がなおるようお経《きょう》をとなえつづけましたが、五八七年《ねん》に用明天皇《ようめいてんのう》はなくなりました。

守屋《もりや》は、つぎこそ天皇《てんのう》になるのは穴《あな》穂部皇子《ほべのおうじ》だと主張《しゅちょう》します。蘇我氏《そがし》の発《はつ》言力《げんりょく》が弱《よわ》まると考《かんが》えた馬子《うまこ》は、穴穂部《あなほべ》皇子《おうじ》を暗殺《あんさつ》しました。

聖徳太子《しょうとくたいし》の初陣《ういじん》と飛鳥寺《あすかでら》

対立《たいりつ》を深《ふか》めた蘇我氏《そがし》と物部氏《もののべし》のあいだでいくさがはじまりました。蘇我氏《そがし》側《がわ》についた聖徳太子《しょうとくたいし》は、ヌルデの枝《えだ》に仏《ほとけ》の守護神《しゅごしん》の四天王《してんのう》をほり、「いくさに勝《か》たせてくれたら、四天王《してんのう》のために寺《てら》をたてる」とちかったといいます。

いくさに勝《か》った馬子《うまこ》は、聖徳太子《しょうとくたいし》のおじにあたる泊瀬部皇子《はつせべのおうじ》を崇峻天皇《すしゅんてんのう》として即位《そくい》させ、強大《きょうだい》な権力《けんりょく》をほこるようになります。

物部氏《もののべし》との戦《たたか》いで、聖徳太子《しょうとくたいし》が敵《てき》から身《み》をかくしたといわれるムクノキ。

推古天皇《すいこてんのう》の摂政《せっしょう》となる

崇峻天皇《すしゅんてんのう》は、自分《じぶん》をさしおいて政治《せいじ》をおこなう蘇我馬子《そがのうまこ》がしだいにじゃまになりました。そのことを知《し》った馬子《うまこ》は崇峻天皇《すしゅんてんのう》を暗殺《あんさつ》。そしてつぎの天皇《てんのう》として、聖徳太子《しょうとくたいし》のおばの額田部皇女《ぬかたべのおうじょ》が、推古天皇《すいこてんのう》として即位《そくい》しました。

馬子《うまこ》と推古天皇《すいこてんのう》は、仏教《ぶっきょう》を学《まな》び、知恵《ちえ》のある聖徳太子《しょうとくたいし》が摂政《せっしょう》にふさわしいと考《かんが》え、二十さいの聖徳太子《しょうとくたいし》は推古天皇《すいこてんのう》の摂政《せっしょう》となります。聖徳太子《しょうとくたいし》が摂政《せっしょう》としてはじめておこなったことは、五九三年《ねん》の四天王寺《してんのうじ》の建立《こんりゅう》です。蘇我氏《そがし》と物部氏《もののべし》のいくさのときに「四天王《してんのう》のために寺《てら》をたてる」とちかったからです。これは朝廷《ちょうてい》の費用《ひよう》でたてられた日《に》本最初《ほんさいしょ》の寺《てら》で、国《くに》が中心《ちゅうしん》になって仏教《ぶっきょう》を広《ひろ》めようとする姿勢《しせい》がはっきりしめされたといえます。その後《ご》、日本各地《にほんかくち》に寺院《じいん》がたてられるようになりました。また六〇一年《ねん》には、聖徳太子《しょうとくたいし》は斑鳩《いかるが》（奈良県《ならけん》生駒郡斑鳩町《いこまぐんいかるがちょう》）に宮《みや》をたてはじめます。完成《かんせい》までに四年《よねん》かかり、その後《ご》、用明天皇《ようめいてんのう》を供養《くよう》するための斑鳩《いかるが》寺《てら》も建立《こんりゅう》します。これがいまの法隆寺《ほうりゅうじ》です。

創建当時《そうけんとうじ》の四天王寺《してんのうじ》のようすを復元《ふくげん》した模型《もけい》。
（「四天王寺式伽藍復原模型《してんのうじしきがらんふくげんもけい》」
大阪府立近《おおさかふりつちか》つ飛鳥博物館所蔵《あすかはくぶつかんしょぞう》）

冠位《かんい》十二階《じゅうにかい》、十七条《じゅうしちじょう》の憲法《けんぽう》

聖徳太子《しょうとくたいし》がおこなったとされるおもな政策《せいさく》に、「冠位十二階《かんいじゅうにかい》」と「十七条《じゅうしちじょう》の憲法《けんぽう》」の制定《せいてい》があります。

六〇三年《ねん》、聖徳太子《しょうとくたいし》は、低《ひく》い身分《みぶん》の者《もの》であっても、功績《こうせき》によって高《たか》い位《くらい》につけるしくみをつくりました。役人《やくにん》の位《くらい》を十二《じゅうに》にわけ、それぞれの冠《かんむり》も色《いろ》わけしました。これは外国人《がいこくじん》にもひとめで位《くらい》がわかるという利点《りてん》がありました。

これによって、身分《みぶん》の上下《じょうげ》にかかわらず、能力《のうりょく》のある人《ひと》が活躍《かつやく》できるようになりました。また天皇《てんのう》が位《くらい》をさずけることで、天皇《てんのう》の権力《けんりょく》を見《み》せつける効果《こうか》もあったといいます。これを「冠位《かんい》十二階《じゅうにかい》」といいます。

六〇四年《ねん》に制定《せいてい》された「十七条《じゅうしちじょう》の憲法《けんぽう》」は、仏教《ぶっきょう》や儒学《じゅがく》の考《かんが》えかたをとりいれた法律《ほうりつ》で、役人《やくにん》の心《こころ》がまえがしめされています。「和《わ》をたいせつにし、争《あらそ》わないこと」「仏教《ぶっきょう》をたいせつにすること」「天皇《てんのう》の命令《めいれい》にしたがうこと」「公平《こうへい》に裁判《さいばん》をおこなうこと」「人民《じんみん》からかってに税《ぜい》をとらないこと」など、十七《じゅうしち》の条文《じょうぶん》からなり、聖徳太子《しょうとくたいし》がどのような政治《せいじ》をめざしているのか、わかりやすくまとめられています。

晩年《ばんねん》の聖徳太子《しょうとくたいし》

摂政《せっしょう》として、「大道《だいどう》」（日本初《にほんはつ》の国道《こくどう》）をつくるなどさまざまな政策《せいさく》をおこなういっぽう、聖徳太子《しょうとくたいし》は仏教《ぶっきょう》にも熱心《ねっしん》にとりくみました。推古天皇《すいこてんのう》にたのまれ、教典《きょうてん》の『勝鬘教《しょうまんぎょう》』を講義《こうぎ》したり、仏典《ぶってん》をわかりやすく解説《かいせつ》した『**三経義疏**《さんぎょうぎしょ》』をあらわしたりしました。

六二〇年《ねん》には、『天皇記《てんのうき》』と『国記《こっき》』という、天皇家《てんのうけ》と日本《にほん》の歴史書《れきししょ》を蘇我馬子《そがのうまこ》とあらわします。しかしこの翌年《よくとし》、聖徳太子《しょうとくたいし》の母親《ははおや》の穴穂部間人《あなほべのはしひと》がなくなり、病気《びょうき》がちだった聖徳太子《しょうとくたいし》も病《やまい》にたおれました。聖徳太子《しょうとくたいし》のまくらもとには、等身大《とうしんだい》の仏像《ぶつぞう》がおかれ祈《いの》りがつづけられたといいますが、看病《かんびょう》のかいもなく、六二二年《ねん》に四十九さいでなくなりました。

六二六年《ねん》に馬子《うまこ》が、六二八年《ねん》には推古天皇《すいこてんのう》もなくなると、馬子《うまこ》の孫《まご》の蘇我入鹿《そがのいるか》と聖徳太子《しょうとくたいし》の子《こ》の山背大兄王《やましろのおおえのおう》が対立《たいりつ》します。そして六四三年《ねん》、入鹿《いるか》が斑鳩《いかるが》の山背大兄王《やましろのおおえのおう》をせめ、聖徳太子《しょうとくたいし》の一族《いちぞく》はみななくなりました。聖徳太子《しょうとくたいし》の死《し》の二十一年後《にじゅういちねんご》のことです。

中央《ちゅうおう》が聖徳太子《しょうとくたいし》、太子《たいし》の左手《ひだりて》が山背大兄王《やましろのおおえのおう》、右手《みぎて》が殖栗皇子《えくりのおうじ》（用明天皇《ようめいてんのう》の第五皇子《だいごおうじ》）といわれている。
（「聖徳太子二王子像《しょうとくたいしにおうじぞう》」　宮内庁所蔵《くないちょうしょぞう》）

聖徳太子《しょうとくたいし》が生《い》きた飛鳥時代《あすかじだい》

聖徳太子《しょうとくたいし》が生《い》きた飛鳥時代《あすかじだい》は、外国《がいこく》との交流《こうりゅう》によって、新《あたら》しい文化《ぶんか》や制度《せいど》がもたらされました。

仏教《ぶっきょう》の広《ひろ》まり

六世紀末《ろくせいきまつ》から七世紀《ななせいき》にかけて、飛鳥《あすか》地方《ちほう》（奈良県《ならけん》）を中心《ちゅうしん》に政治《せいじ》がおこなわれた時代《じだい》を、飛鳥時代《あすかじだい》といいます。

日本《にほん》に仏教《ぶっきょう》がつたわったのは、六世《ろくせい》紀《き》のなかばごろとされています。朝鮮《ちょうせん》半島《はんとう》からわたってきた「渡来人《とらいじん》」とよばれる人《ひと》びとによってつたえられたといいます。

日本《にほん》ではそれまで山《やま》や海《うみ》などの自然《しぜん》にやどる神《かみ》が信《しん》じられていました。天皇家《てんのうけ》でも代《だい》だい「国神《くにつかみ》」といって自然《しぜん》の神《かみ》をまつっていました。欽明天皇《きんめいてんのう》が、百済《ペクチェ》からおくられた仏像《ぶつぞう》を蘇我氏《そがし》にあたえたのも、国神《くにつかみ》をまつる宮廷《きゅうてい》に、仏像《ぶつぞう》をおくことができなかったからです。

しかし、その後《ご》、蘇我氏《そがし》や聖徳太子《しょうとくたいし》などが、仏教《ぶっきょう》にもとづいて政治《せいじ》をおこなったため、日本《にほん》でも仏教《ぶっきょう》はさかんになっていきました。

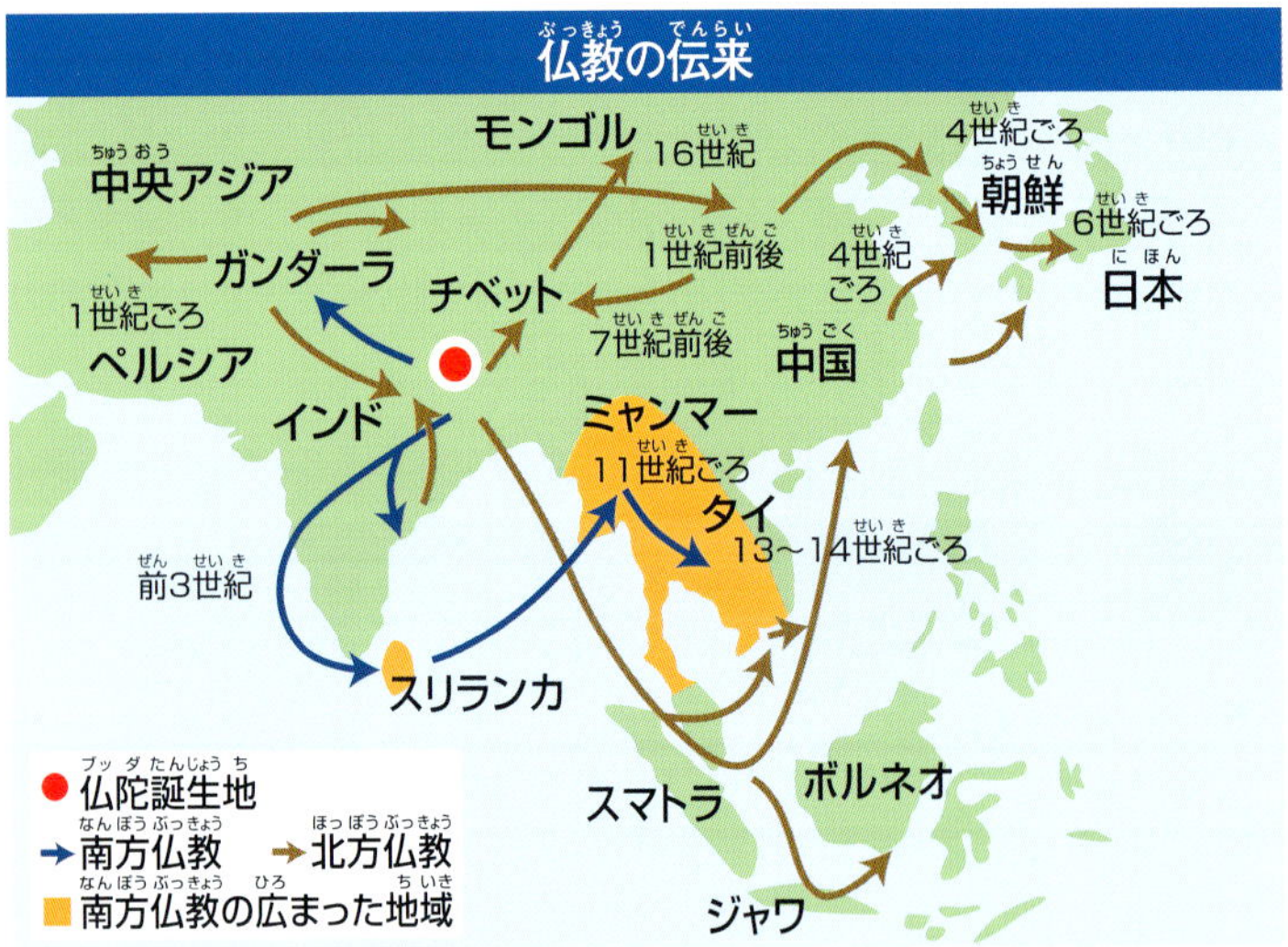

588年《ねん》に蘇我馬子《そがのうまこ》がたてはじめた飛鳥寺《あすかでら》は、日本最古《にほんさいこ》の本格的《ほんかくてき》な寺院《じいん》といわれる。（写真提供《しゃしんていきょう》：飛鳥寺《あすかでら》）

遣隋使《けんずいし》

隋《ずい》（中国《ちゅうごく》）の進《すす》んだ技術《ぎじゅつ》や政治制度《せいじせいど》、文化《ぶんか》をとりいれようと派遣《はけん》されたのが、遣隋使《けんずいし》です。推古天皇《すいこてんのう》の時代《じだい》には、六回派遣《ろっかいはけん》されたといいます。

遣隋使船《けんずいしせん》がどのようなものであったか、くわしくはわかっていません。朝廷《ちょうてい》の置《お》かれていた飛鳥《あすか》から隋《ずい》の都《みやこ》の長安《ちょうあん》までは、朝鮮半島《ちょうせんはんとう》を経由《けいゆ》して、陸《りく》づたいに進《すす》んだと考《かんが》えられています。

聖徳太子《しょうとくたいし》は六〇七年《ねん》に、小野妹子《おののいもこ》を大使《たいし》として遣隋使《けんずいし》をおくります。このときは、隋《ずい》にしたがう国《くに》としてではなく、隋《ずい》と対等《たいとう》な国《くに》として日本《にほん》をみとめてもらうという目的《もくてき》がありました。

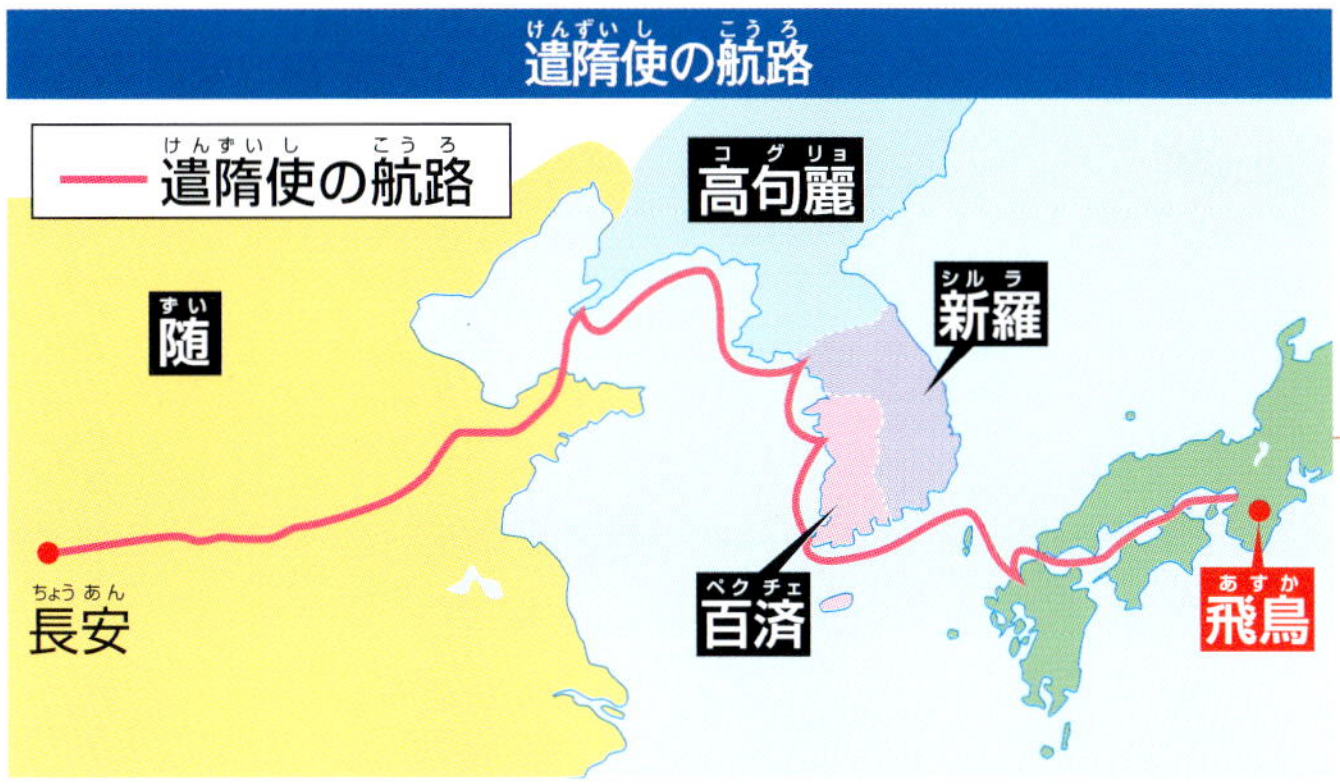

隋《ずい》の都《みやこ》に着《つ》いた妹子《いもこ》は、皇帝《こうてい》の煬帝《ようだい》に、聖徳太子《しょうとくたいし》からあずかった国書《こくしょ》（国《くに》の代表者《だいひょうしゃ》の手紙《てがみ》）をわたします。そこには「日出《ひい》づるところの天子《てんし》、書《しょ》を日没《ひぼっ》するところの天子《てんし》にいたす。つつがなきや（日《ひ》がのぼる国《くに》の天子《てんし》（推古天皇《すいこてんのう》）より、日《ひ》がしずむ国《くに》の天子《てんし》（煬帝《ようだい》）にお手紙《てがみ》します。お元気《げんき》ですか）。」とかいてありました。

中国《ちゅうごく》では、天下《てんか》をおさめる者《もの》（天子《てんし》）は煬帝《ようだい》ただひとりです。しかし日本《にほん》からの国書《こくしょ》に推古天皇《すいこてんのう》も天子《てんし》とあったため、これをよんだ煬帝《ようだい》はおこったとされています。

しかし、妹子《いもこ》は罰《ばつ》をうけることもなく、裴世清《はいせいせい》を隋《ずい》からの使者《ししゃ》としてともない、帰国《きこく》をゆるされました。

そのころ隋《ずい》には、高句《コグ》麗《リョ》（高句麗《こうくり》）をせめる計画《けいかく》があったため、日本《にほん》を敵《てき》にまわしたくなかったからだとも考《かんが》えられています。

豆ちしき　小野妹子《おののいもこ》は返書《へんしょ》をなくした!?

遣《けん》隋使《ずいし》として派遣《はけん》された小野妹子《おののいもこ》は、六〇八年《ねん》に帰国《きこく》したときに、隋《ずい》からの返書《へんしょ》を百済《ペクチェ》でなくしてしまった、と報告《ほうこく》しました。

朝廷《ちょうてい》の役人《やくにん》たちは、妹子《いもこ》を流刑《るけい》（都《みやこ》からとおくはなれた場所《ばしょ》に追放《ついほう》すること）にするべきだといいました。しかし、推古天皇《すいこてんのう》によってゆるされ、ふたたび遣《けん》隋使《ずいし》として隋《ずい》に派遣《はけん》されました。

隋《ずい》からの返書《へんしょ》の内容《ないよう》が日本《にほん》を下《した》に見《み》た、対等《たいとう》な外交《がいこう》をみとめないものだったため、妹子《いもこ》はなくしたとうそをついたという説《せつ》もあります。

小野妹子《おののいもこ》の墓《はか》（大阪府《おおさかふ》）。妹子《いもこ》ははじめ冠位五階《かんいごかい》だったが、最高位《さいこうい》の「大徳《だいとく》」までのぼりつめた。
（写真提供《しゃしんていきょう》：太子町教育委員会《たいしちょうきょういくいいんかい》）

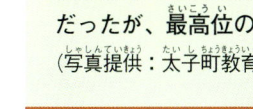

飛鳥時代《あすかじだい》の文化《ぶんか》

飛鳥時代《あすかじだい》には、仏教《ぶっきょう》の広《ひろ》がりとともに、寺院《じいん》や仏像《ぶつぞう》など、仏教《ぶっきょう》を中心《ちゅうしん》とした文化《ぶんか》がさかえました。これを飛鳥文化《あすかぶんか》といいます。

渡来人《とらいじん》や遣隋使《けんずいし》によって、朝鮮半島《ちょうせんはんとう》や中国《ちゅうごく》からすぐれた文化《ぶんか》や技術《ぎじゅつ》がつたわり、有力《ゆうりょく》な豪族《ごうぞく》によって、多《おお》くの寺院《じいん》や仏像《ぶつぞう》、工芸品《こうげいひん》などがつくられました。これらは、おもに渡来人《とらいじん》の助《たす》けをかりてつくられましたが、外国《がいこく》からつたわった技術《ぎじゅつ》によって、日本人《にほんじん》の建築《けんちく》技術者《ぎじゅつしゃ》や、仏像《ぶつぞう》の制作者《せいさくしゃ》なども育《そだ》ちました。

また、中国《ちゅうごく》や朝鮮半島《ちょうせんはんとう》だけでなく、インド、西《にし》アジア、ギリシアなどの文化《ぶんか》の影響《えいきょう》をうけた建築物《けんちくぶつ》や工芸品《こうげいひん》ものこっています。

聖徳太子《しょうとくたいし》の死後《しご》、きさきの橘大郎女《たちばなのおおいらつめ》が天寿国《てんじゅこく》（極楽《ごくらく》）の太子《たいし》のすがたを刺繍《ししゅう》したもの。服装《ふくそう》など、7世紀《せいき》ごろの日本《にほん》のようすを知《し》ることができる。
（「天寿国繍帳《てんじゅこくしゅうちょう》」　飛鳥時代《あすかじだい》　中宮寺所蔵《ちゅうぐうじしょぞう》）
（写真提供《しゃしんていきょう》：便利堂《べんりどう》）

現在《げんざい》のこっている法隆寺《ほうりゅうじ》は、一度焼失《いちどしょうしつ》し、たてなおされたものとされるが、現存《げんぞん》する世界最古《せかいさいこ》の木造建築《もくぞうけんちく》として、世界遺産《せかいいさん》に登録《とうろく》されている。
（写真提供《しゃしんていきょう》：便利堂《べんりどう》）

仏像《ぶつぞう》をさかんにつくった渡来人《とらいじん》の子孫《しそん》の鞍作鳥《くらつくりのとり》の弟子《でし》によって、7世紀《せいき》につくられたといわれる仏像《ぶつぞう》。
（「如来立像《にょらいりつぞう》」　飛鳥時代《あすかじだい》　東京国立博物館所蔵《とうきょうこくりつはくぶつかんしょぞう》　重要文化財《じゅうようぶんかざい》）
（Image：TNM image archives）

料金受取人払郵便

山科支店
承　認

178

差出有効期間
平成23年10月
20日まで

郵便はがき

6 0 7 - 8 7 9 0

（受　取　人）

京都市山科区
日ノ岡堤谷町１番地

㈱ミネルヴァ書房
読者アンケート係　行

◆　以下のアンケートにお答え下さい。

お求めの
書店名＿＿＿＿＿＿＿＿市区町村＿＿＿＿＿＿＿＿＿＿＿＿書店

＊　この本をどのようにしてお知りになりましたか？　以下の中から選び、３つまで○をお付け下さい。

A.広告（　　　　）を見て　B.店頭で見て　C.知人・友人の薦め
D.著者ファン　E.図書館で借りて　F.教科書として
G.ミネルヴァ書房図書目録　H.ミネルヴァ通信
I.書評（　　　　）をみて　J.講演会など　K.テレビ・ラジオ
L.出版ダイジェスト　M.これから出る本　N.他の本を読んで
O.DM　P.ホームページ（　　　　　　　　）をみて
Q.書店の案内で　R.その他（　　　　　　　　）

書 名 お買上の本のタイトルをご記入下さい。

◆ 上記の本に関するご感想、またはご意見・ご希望などお書き下さい。
「ミネルヴァ通信」での採用分には図書券を贈呈いたします。

◆ よく読む分野(ご専門)について、3つまで○をお付け下さい。

1. 哲学・思想　2. 宗教　3. 歴史・地理　4. 政治・法律
5. 経済　6. 経営　7. 教育　8. 心理　9. 社会福祉
10. 高齢者問題　11. 女性・生活科学　12. 社会学　13. 文学・評論
14. 医学・家庭医学　15. 自然科学　16. その他（　　　　）

〒

ご住所　Tel　（　　　）

年齢　性別

お名前《ふりがな》　歳　男・女

ご職業・学校名
（所属・専門）

Eメール

ミネルヴァ書房ホームページ　http://www.minervashobo.co.jp/

日《に》本《ほん》の歴《れき》史《し》年《ねん》表《ぴょう》

時代《じだい》	年《ねん》	できごと	このシリーズに出《で》てくる人物《じんぶつ》
旧石器時代《きゅうせっきじだい》	四〇〇万年前《まんねんまえ》〜	採集《さいしゅう》や狩《か》りによって生活《せいかつ》する	
縄文時代《じょうもんじだい》	一三〇〇〇年前《ねんまえ》〜	縄文土器《じょうもんどき》がつくられる	
弥生時代《やよいじだい》	前《ぜん》四〇〇年《ねん》ごろ〜	稲作《いなさく》、金属器《きんぞくき》の使用《しよう》がさかんになる	
		小《ちい》さな国《くに》があちこちにできはじめる	
古墳時代《こふんじだい》	二五〇年ごろ〜	大和朝廷《やまとちょうてい》の国土統一《こくどとういつ》が進《すす》む	
飛鳥時代《あすかじだい》	五九三	聖徳太子《しょうとくたいし》が摂政《せっしょう》となる	聖徳太子《しょうとくたいし》
	六〇七	小野妹子《おののいもこ》を隋《ずい》におくる	
	六四五	大化《たいか》の改新《かいしん》	
	七〇一	大宝律令《たいほうりつりょう》ができる	
奈良時代《ならじだい》	七一〇	都《みやこ》を奈良《なら》（平城京《へいじょうきょう》）にうつす	
	七五二	東大寺《とうだいじ》の大仏《だいぶつ》ができる	聖武天皇《しょうむてんのう》
平安時代《へいあんじだい》	七九四	都《みやこ》を京都《きょうと》（平安京《へいあんきょう》）にうつす	
		藤原氏《ふじわらし》がさかえる	
		『源氏物語《げんじものがたり》』ができる	紫式部《むらさきしきぶ》
	一一六七	平清盛《たいらのきよもり》が太政大臣《だいじょうだいじん》となる	
	一一八五	源氏《げんじ》が平氏《へいし》をほろぼす	
鎌倉時代《かまくらじだい》	一一九二	源頼朝《みなもとのよりとも》が征夷大将軍《せいいたいしょうぐん》となる	源頼朝《みなもとのよりとも》
	一二七四	元《げん》がせめてくる	
	一二八一	元《げん》がふたたびせめてくる	
	一三三三	鎌倉幕府《かまくらばくふ》がほろびる	
南北朝《なんぼくちょう》時代《じだい》	一三三六	朝廷《ちょうてい》が南朝《なんちょう》と北朝《ほくちょう》にわかれ対立《たいりつ》する	
	一三三八	足利尊氏《あしかがたかうじ》が征夷大将軍《せいいたいしょうぐん》となる	

よんでしらべて 時代がわかる

ミネルヴァ 日本歴史人物伝

聖《しょう》徳《とく》太《たい》子《し》
監修 山岸良二　文 西本鶏介　絵 たごもりのりこ

聖《しょう》武《む》天《てん》皇《のう》
監修 山岸良二　文 西本鶏介　絵 きむらゆういち

紫《むらさき》式《しき》部《ぶ》
監修 朧谷寿　文 西本鶏介　絵 青山友美

源《みなもとの》頼《より》朝《とも》
監修 木村茂光　文 西本鶏介　絵 野村たかあき

足《あし》利《かが》義《よし》満《みつ》
監修 木村茂光　文 西本鶏介　絵 宮嶋友美

雪《せっ》舟《しゅう》
監修 木村茂光　文 西本鶏介　絵 広瀬克也

織《お》田《だ》信《のぶ》長《なが》
監修 小和田哲男　文 西本鶏介　絵 広瀬克也

豊《とよ》臣《とみ》秀《ひで》吉《よし》
監修 小和田哲男　文 西本鶏介　絵 青山邦彦

徳《とく》川《がわ》家《いえ》康《やす》
監修 大石学　文 西本鶏介　絵 宮嶋友美

杉《すぎ》田《た》玄《げん》白《ぱく》
監修 大石学　文 西本鶏介　絵 青山邦彦

坂《さか》本《もと》龍《りょう》馬《ま》
監修 大石学　文 西本鶏介　絵 野村たかあき

福《ふく》沢《ざわ》諭《ゆ》吉《きち》
監修 安田常雄　文 西本鶏介　絵 たごもりのりこ

27cm　32ページ　NDC281　オールカラー
小学校低学年～中学生向き

■監修

山岸　良二（やまぎし　りょうじ）

1951年東京都生まれ。慶應義塾大学大学院修士課程修了。東邦大学付属東邦中高等学校教諭、習志野市文化財審議会会長。専門は日本考古学。著書に『科学はこうして古代を解き明かす』（河出書房新社）、『原始・古代日本の集落』（同成社）、『古代史の謎はどこまで解けたのか』（PHP研究所）、『最新発掘古代史30の真相』（新人物往来社）　など多数ある。

■文（2～21ページ）

西本　鶏介（にしもと　けいすけ）

1934年奈良県生まれ。評論家・民話研究家・童話作家として幅広く活躍する。昭和女子大学名誉教授。各ジャンルにわたって著書は多いが、伝記に『心を育てる偉人のお話』全3巻、『徳川家康』、『武田信玄』、『源義経』、『独眼竜政宗』（ポプラ社）、『大石内蔵助』、『宮沢賢治』、『夏目漱石』、『石川啄木』（講談社）などがある。

■絵

たごもり　のりこ

1972年東京都生まれ。骨董屋を経て、絵本作家・イラストレーターになる。著書に『ばけばけ町へおひっこし』（岩崎書店）、挿絵に『狂言えほん　そらうで』（講談社）、『どうぶつどどいつドーナッツ』（鈴木出版）、「なにわのでっちこまめどん」シリーズ、『うらやましやゆうれい』（佼成出版社）など多数。

■主な参考図書

『国史大辞典　第十巻』編/国史大辞典編集委員会　吉川弘文館　1989年
『日本歴史館』　小学館　1993年
『「聖徳太子」の誕生』著/大山誠一　吉川弘文館　1999年
『聖徳太子』著/吉村武彦　岩波書店　2002年
『史話　日本の古代　第五巻　聖徳太子伝説　斑鳩の正体』編/和田萃　作品社　2003年
『飛鳥王朝史』学習研究社　2005年
『ビジュアル版　日本の歴史を見る1　日本創生から律令国家へ』監修/武光誠　世界文化社　2006年
『誰でも読める　日本古代史年表　ふりがな付き』編/吉川弘文館編集部　吉川弘文館　2006年
『日本史年表・地図』（第16版）編/児玉幸多　吉川弘文館　2010年
『山川　詳説日本史図録』（第3版）編/詳説日本史図録編集委員会　山川出版社　2010年

企　画・編　集　　こどもくらぶ（阿部　梨花子・古川　裕子）
装丁・デザイン　　長江　知子
D　T　P　　株式会社エヌ・アンド・エス企画

よんで しらべて 時代がわかる　ミネルヴァ日本歴史人物伝
聖徳太子
――仏教と新しい政治――

2011年2月25日　初版第1刷発行　　検印廃止

定価はカバーに表示しています

監修者　山岸良二
文　西本鶏介
絵　たごもりのりこ
発行者　杉田啓三
印刷者　金子眞吾

発行所　株式会社　ミネルヴァ書房
607-8494　京都市山科区日ノ岡堤谷町1
電話 075-581-5191／振替 01020-0-8076

ISBN978-4-623-05887-7
NDC281/32P/27cm
Printed in Japan

さくいん・用語解説《ようごかいせつ》

飛鳥文化《あすかぶんか》 …… 28
穴穂部皇子《あなほべのおうじ》 …… 23
穴穂部間人皇女《あなほべのはしひとのおうじょ》 …… 22、25
斑鳩寺《いかるがでら》（法隆寺《ほうりゅうじ》） …… 24
恵慈《えじ》 …… 29
小野妹子《おののいもこ》 …… 27
冠位十二階《かんいじゅうにかい》 …… 25
欽明天皇《きんめいてんのう》 …… 26、29
国神《くにつかみ》 …… 26
継体天皇《けいたいてんのう》 …… 29
遣隋使《けんずいし》 …… 27、28
高句麗《コグリョ》（高句麗《こうくり》） …… 27、29
▼紀元前《きげんぜん》三七年前後《ねんぜんご》、中国東北地方南部《ちゅうごくとうほくちほうなんぶ》の国《くに》が連合《れんごう》してできた国《くに》。新羅《シルラ》（新羅《しらぎ》）、百済《ペクチェ》とともに朝鮮半島《ちょうせんはんとう》で勢力《せいりょく》を争《あらそ》った三国《さんごく》のひとつ。四《よん》～五世《ごせい》紀《き》ごろ、広開土王《こうかいどおう》と長寿王《ちょうじゅおう》のときに、もっともさかえた。朝鮮三国《ちょうせんさんごく》のなかで軍事的《ぐんじてき》・文化的《ぶんかてき》に進《すす》んだ国《くに》だったが、六六八年《ねん》、唐《とう》・新羅連合軍《シルラれんごうぐん》によってほろぼされた。
国記《こっき》 …… 25
三経義疏《さんぎょうぎしょ》 …… 25
▼仏教《ぶっきょう》の経典《きょうてん》『勝鬘経《しょうまんぎょう》』『維摩経《ゆいまぎょう》』『法《ほ》華経《けきょう》』の注釈書《ちゅうしゃくしょ》、『勝鬘経義疏《しょうまんぎょうぎしょ》』、『維《ゆい》摩経義疏《まぎょうぎしょ》』、『法華経義疏《ほけきょうぎしょ》』。

四天王寺《してんのうじ》 …… 24
十七条《じゅうしちじょう》の憲法《けんぽう》 …… 25
隋《ずい》 …… 27
▼五八一年《ねん》、楊堅《ようけん》がたてた中国《ちゅうごく》の王朝《おうちょう》。大興《だいこう》（長安《ちょうあん》）を都《みやこ》とした。五八九年《ねん》には南朝《なんちょう》の陳《ちん》をやぶって中国《ちゅうごく》を統一《とういつ》した。第二代皇帝煬帝《だいにだいこうていようだい》のときに、各《かく》地《ち》で反乱《はんらん》がおき、六一九年《ねん》にほろんだ。遣隋使《けんずいし》によってつたえられた隋《ずい》の政治制度《せいじせいど》などは、日本《にほん》にも大《おお》きな影響《えいきょう》をあたえた。
推古天皇《すいこてんのう》 …… 24、25、27、29
崇峻天皇《すしゅんてんのう》 …… 24、29
摂政《せっしょう》 …… 24、25
▼天皇《てんのう》がおさないときや女性《じょせい》のときに、天皇《てんのう》の代理《だいり》として政治《せいじ》をおこなった官職《かんしょく》。聖徳太子《しょうとくたいし》が推古天皇《すいこてんのう》の摂政《せっしょう》になったのが最初《さいしょ》とされる。
蘇我稲目《そがのいなめ》 …… 23、29
蘇我入鹿《そがのいるか》 …… 25、29
蘇我馬子《そがのうまこ》 …… 23、24、25、29
蘇我蝦夷《そがのえみし》 …… 29
大道《だいどう》 …… 25
天皇記《てんのうき》 …… 25
渡来人《とらいじん》 …… 26、28、29
曇徴《どんちょう》 …… 29
中大兄皇子《なかのおおえのおうじ》 …… 29
裴世清《はいせいせい》 …… 27
敏達天皇《びだつてんのう》 …… 23

百済《ペクチェ》（百済《くだら》） …… 23、26、27
▼四世紀前半《よんせいきぜんはん》、朝鮮半島南西部《ちょうせんはんとうなんせいぶ》の小国《しょうこく》が連合《れんごう》してつくった国《くに》。高句麗《コグリョ》、新《シル》羅《ラ》とともに朝鮮半島《ちょうせんはんとう》で勢力《せいりょく》を争《あらそ》った三国《さんごく》のひとつ。日本《にほん》と同盟《どうめい》をむすび北部《ほくぶ》の高句麗《コグリョ》に対抗《たいこう》した。儒教《じゅきょう》や仏《ぶっ》教《きょう》を日本《にほん》につたえた。六六〇年《ねん》に唐《とう》・新羅連合軍《シルラれんごうぐん》によってほろぼされた。
法興寺《ほうこうじ》（飛鳥寺《あすかでら》） …… 29
物部尾輿《もののべのおこし》 …… 23
物部守屋《もののべのもりや》 …… 23、29
山背大兄王《やましろのおおえのおう》 …… 25
大和朝廷《やまとちょうてい》 …… 22
煬帝《ようだい》 …… 27
用明天皇《ようめいてんのう》 …… 22、23、29

もっと知《し》りたい！ 聖徳太子《しょうとくたいし》

聖徳太子《しょうとくたいし》ゆかりの場所《ばしょ》、飛鳥時代《あすかじだい》のことがわかる博物館《はくぶつかん》、聖徳太子《しょうとくたいし》についてかかれた本《ほん》などを紹介《しょうかい》します。

資料館《しりょうかん》 博物館《はくぶつかん》
史跡《しせき》 遺跡《いせき》
聖徳太子《しょうとくたいし》についてかかれた本《ほん》

四天王寺宝物館《してんのうじほうもつかん》

聖徳太子《しょうとくたいし》が五九三年《ねん》に建立《こんりゅう》した四天王《してんのう》寺内《じない》にある宝物館《ほうもつかん》。国宝《こくほう》の『四天王寺縁《してんのうじえん》起《ぎ》』、『聖徳太子絵伝《しょうとくたいしえでん》』をはじめ、聖徳太《しょうとくたい》子《し》にちなんだ貴重《きちょう》な文化財《ぶんかざい》をたくさん見《み》ることができる。

〒543-0051
大阪府大阪市天王寺区四天王寺《おおさかふおおさかしてんのうじくしてんのうじ》1-1-18
☎06-6771-0066
http://www.shitennoji.or.jp/

国宝《こくほう》や重要文化財《じゅうようぶんかざい》をふくむ500点《てん》以《い》上《じょう》の文化財《ぶんかざい》が保存《ほぞん》されている。

奈良文化財研究所飛鳥資料館《ならぶんかざいけんきゅうしょあすかしりょうかん》

飛鳥時代《あすかじだい》や飛鳥地方《あすかちほう》の歴史《れきし》を展示《てんじ》、解《かい》説《せつ》している。展示品《てんじひん》には、高松塚古墳《たかまつづかこふん》や飛鳥寺《あすかでら》などから出土《しゅつど》した資料《しりょう》がある。

〒634-0102
奈良県高市郡明日香村奥山《ならけんたかいちぐんあすかむらおくやま》601
☎0744-54-3561
http://www.nabunken.jp/asuka/

資料館《しりょうかん》の前庭《ぜんてい》には、飛鳥時代《あすかじだい》につくられた石造《せきぞう》の模造品《もぞうひん》がおかれている。
（写真提供《しゃしんていきょう》：奈良《なら》文化財研究所《ぶんかざいけんきゅうしょ》）

東京国立博物館法隆寺宝物館《とうきょうこくりつはくぶつかんほうりゅうじほうもつかん》

法隆寺《ほうりゅうじ》につたわる宝物三百件《ほうもつさんびゃっけん》ほどを保《ほ》管《かん》、展示《てんじ》している。『聖徳太子絵伝《しょうとくたいしえでん》』や飛鳥時代《あすかじだい》につくられた仏像《ぶつぞう》、工芸品《こうげいひん》などもある。

〒110-8712
東京都台東区上野公園《とうきょうとたいとうくうえのこうえん》13-9
☎03-5777-8600（ハローダイヤル）
http://www.tnm.jp/

橘寺《たちばなでら》

聖徳太子誕生《しょうとくたいしたんじょう》の地《ち》に太子自身《たいしじしん》がたてたとされる寺《てら》。もともとは、橘《たちばな》の宮《みや》という欽明天皇《きんめいてんのう》の別宮《べつぐう》で、太子《たいし》はここで生《う》まれ子《こ》ども時代《じだい》をすごした。ほとんどの建物《たてもの》は火事《かじ》で消失《しょうしつ》してしまい、現在《げんざい》のものは、江戸時代《えどじだい》につくられた。

〒634-0142
奈良県高市郡明日香村橘《ならけんたかいちぐんあすかむらたちばな》532
☎0744-54-2026

太子殿《たいしでん》とよばれる本堂《ほんどう》。なかにある本《ほん》尊《ぞん》は聖徳太子《しょうとくたいし》が35さいのときの像《ぞう》で、太子《たいし》の彫刻《ちょうこく》としてはもっとも古《ふる》い。

『NHKにんげん日本史《にほんし》 聖徳太子《しょうとくたいし》 日出《ひい》ずる国《くに》に理想《りそう》を』

監修《かんしゅう》／酒寄雅志《さかよりまさし》 著《ちょ》／小西聖一《こにしせいいち》
理論社《りろんしゃ》 2003年《ねん》

十七条《じゅうしちじょう》の憲法《けんぽう》や冠位十二階《かんいじゅうにかい》をつくり、日本《にほん》に仏教《ぶっきょう》を広《ひろ》めた聖徳太子《しょうとくたいし》の生涯《しょうがい》を紹《しょう》介《かい》している。

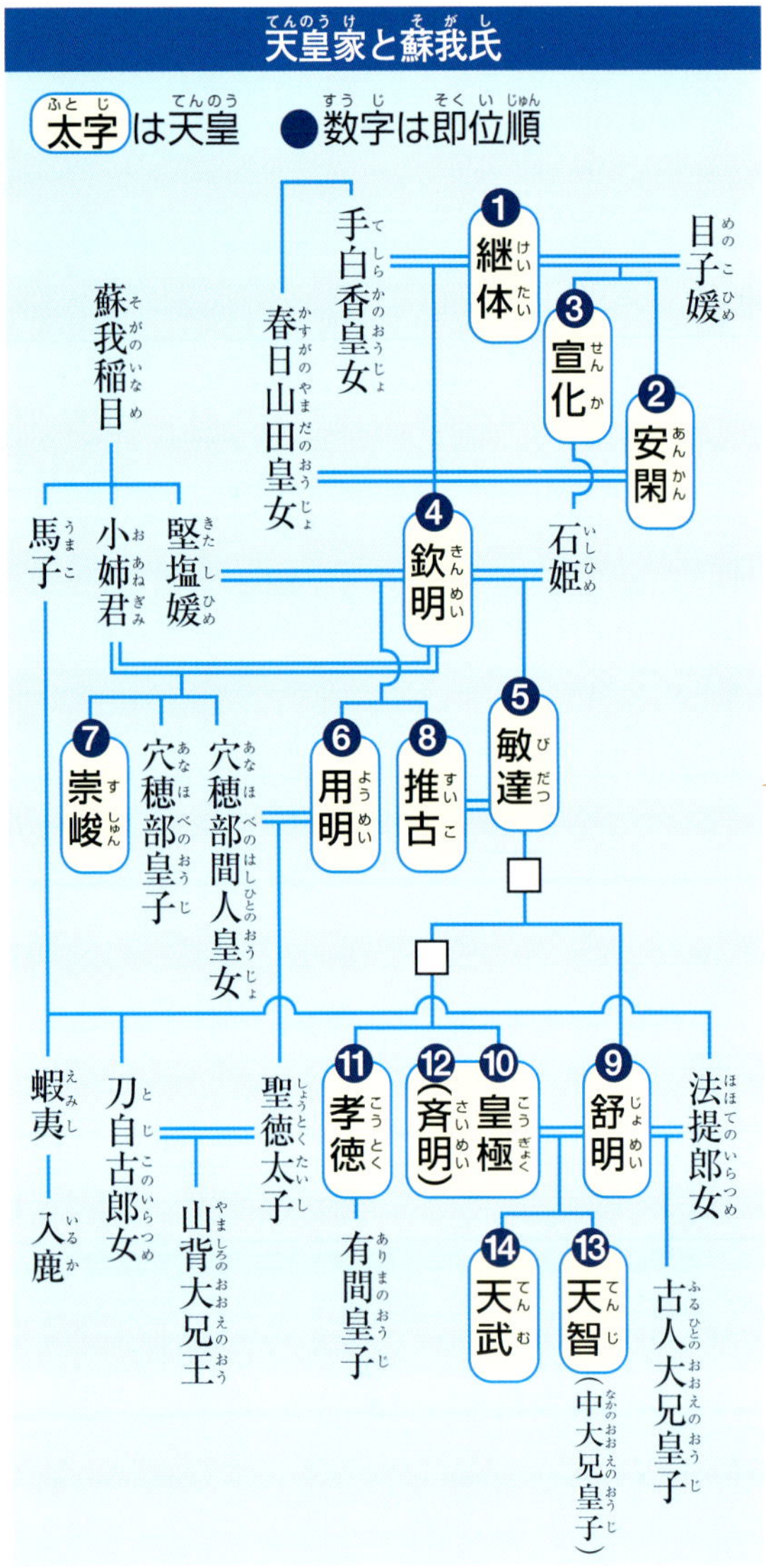

聖徳太子《しょうとくたいし》とおなじ時代《じだい》に生《い》きた人《ひと》びと

聖徳太子《しょうとくたいし》が活躍《かつやく》した時代《じだい》、有力《ゆうりょく》な豪《ごう》族《ぞく》どうしの争《あらそ》いがはげしくなっていました。

蘇我氏《そがし》

渡来人《とらいじん》に支持《しじ》され、知識《ちしき》と技術《ぎじゅつ》を生《い》かし、天皇《てんのう》の信頼《しんらい》をえていったといわれる豪族《ごうぞく》。

六世紀《ろくせいき》なかごろ、欽明天皇《きんめいてんのう》の時代《じだい》に蘇我稲目《そがのいなめ》が朝廷《ちょうてい》で最高《さいこう》の位《くらい》につき、むすめを天皇《てんのう》にとつがせ、孫《まご》（用明《ようめい》、崇《す》峻《しゅん》、推古《すいこ》）を天皇《てんのう》にした。さらに、物《もの》部《べ》氏《し》をたおして政権《せいけん》の中心《ちゅうしん》となり、馬《うま》子《こ》・蝦夷《えみし》・入鹿《いるか》の三代《さんだい》にわたって権力《けんりょく》をふるった。

六四五年《ねん》、大化《たいか》の改新《かいしん》で中大兄皇子《なかのおおえのおうじ》（のちの天智天皇《てんじてんのう》）に蝦夷《えみし》と入鹿《いるか》がほろぼされた。

物部氏《もののべし》

朝廷《ちょうてい》の軍事《ぐんじ》や治安《ちあん》にかんする仕事《しごと》にたずさわった豪族《ごうぞく》。継体天皇《けいたいてんのう》や欽明天《きんめいてん》皇《のう》の時代《じだい》には、重要《じゅうよう》な職《しょく》につき、勢力《せいりょく》をのばした。日本《にほん》の伝統的《でんとうてき》な神《かみ》を支持《しじ》する物部氏《もののべし》は、中国《ちゅうごく》からつたわった仏《ぶっ》教《きょう》に反対《はんたい》し、仏教《ぶっきょう》を支持《しじ》した蘇我氏《そがし》と対立《たいりつ》した。物部守屋《もののべのもりや》が五八七年《ねん》に殺《ころ》されると、物部氏《もののべし》の勢力《せいりょく》は急速《きゅうそく》におとろえた。

恵慈《えじ》（?〜六二三年《ねん》）

五九五年《ねん》に日本《にほん》にやってきた高句麗《コグリョ》の僧《そう》。法興寺《ほうこうじ》（飛鳥寺《あすかでら》）につとめ、聖《しょう》徳太子《とくたいし》の仏教《ぶっきょう》の師《し》となった。六一五年《ねん》に帰国《きこく》した。

曇徴《どんちょう》（?〜?年《ねん》）

高句麗《コグリョ》の僧《そう》。六一〇年《ねん》に日本《にほん》に来《き》て、紙《かみ》、すみ、えのぐなどの製法《せいほう》をつたえたとされる。